Junípero Serra

Un misionero español

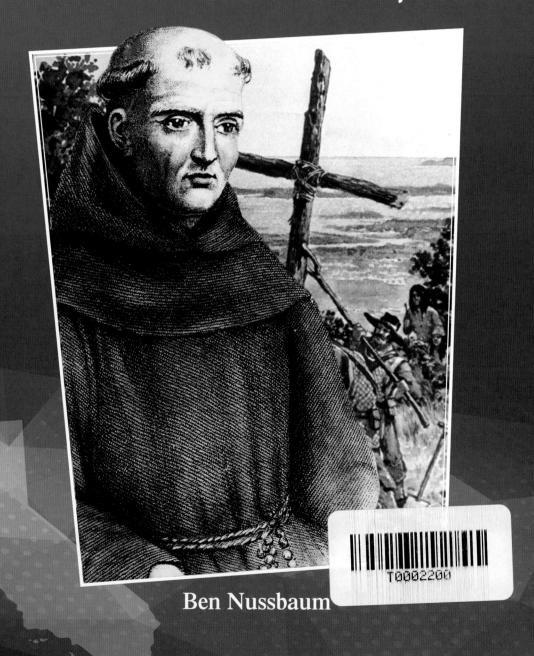

Ben Nussbaum

Asesoras

Kristina Jovin, M.A.T.
Distrito Escolar Unificado Alvord
Maestra del Año

Vanessa Ann Gunther, Ph.D.
Departamento de Historia
Universidad Chapman

Créditos de publicación

Rachelle Cracchiolo, M.S.Ed., *Editora comercial*
Conni Medina, M.A.Ed., *Redactora jefa*
Emily R. Smith, M.A.Ed., *Realizadora de la serie*
June Kikuchi, *Directora de contenido*
Caroline Gasca, M.S.Ed., *Editora superior*
Marc Pioch, M.A.Ed., y Susan Daddis, M.A.Ed., *Editores*
Sam Morales, M.A., *Editor asociado*
Courtney Roberson, *Diseñadora gráfica superior*
Jill Malcolm, *Diseñadora gráfica básica*

Créditos de imágenes: portada y pág.1 (primer plano y fondo) Granger, NYC; págs.4, 16, 20–21, 22–23 California Missions Resource Center, 2016, www.missionscalifornia.com; págs.5, 29, 32 Michael Fiala/Reuters/ Newscom; pág.7 (superior) J. Schwanke/Alamy Stock Photo; págs.8–9 Kevin George/Alamy Stock Photo; pág.9 Peter van Evert/Alamy Stock Photo; pág.10 Granger, NYC; pág.11 Library of Congress [73696663]; págs.12–13 DeA Picture Library/Granger, NYC; pág.14 Library of Congress [g4410.lh000552]; pág.15 Creative Commons Attribution-ShareAlike 4.0 International de Alejandro Linares García; pág.18 cortesía de Special Collections & Archives, UC San Diego Library; pág.19 Library of Congress [LC-USZ62-132753]; pág.23 Edgard Garrido/Reuters/Newscom; págs.24–25 Creative Commons Attribution 3.0 Unported de Erin McDaniel; pág.25 (superior) Michael Reynolds/POOL/EPA/Newscom; pág.26 Creative Commons Attribution-Share Alike 3.0 Unported de Nheyob; pág.27 Creative Commons Attribution-ShareAlike 3.0 Unported de Didier B; contraportada San Juan Capistrano Mission por Fr. Zephyrin Engelhardt, O.F.M.; todas las demás imágenes cortesía de iStock y/o Shutterstock.

Library of Congress Cataloging-in-Publication Data
Names: Nussbaum, Ben, 1975- author.
Title: Junípero Serra : un misionero español / Ben Nussbaum.
Other titles: Junipero Serra. Spanish
Description: Huntington Beach : Teacher Created Materials, 2020. |
  Audience: Grade 4 to 6 | Summary: "Junípero Serra helped shape
  California. The Franciscan priest was tough, brave, and determined. The
  missions he created stretched from San Diego to San Francisco. His
  impact is still felt--and debated--today"-- Provided by publisher.
Identifiers: LCCN 2019016045 (print) | LCCN 2019980093 (ebook) | ISBN
  9780743912648 (paperback) | ISBN 9780743912655 (ebook)
Subjects: LCSH: Serra, Junípero, Saint, 1713-1784--Juvenile literature. |
  Explorers--California--Biography--Juvenile literature. |
  Explorers--Spain--Biography--Juvenile literature. |
  Franciscans--California--Biography--Juvenile literature. | Indians of
  North America--Missions--California--Juvenile literature. | Missions,
  Spanish--California--History--Juvenile literature. |
  California--History--To 1846--Juvenile literature.
Classification: LCC F864.S4418 2020 (print) | LCC F864.S4418 2020 (ebook)
  | DDC 910.92 [B]--dc23
LC record available at https://lccn.loc.gov/2019016045
LC ebook record available at https://lccn.loc.gov/2019980093

Teacher Created Materials

5301 Oceanus Drive
Huntington Beach, CA 92649-1030
www.tcmpub.com

ISBN 978-0-7439-1264-8

misión de Carmel

Contenido

Ataque a la misión

Hoy en día, San Diego es una de las ciudades más grandes de Estados Unidos. En 1769, era tan solo un fuerte y una misión. Un puñado de sacerdotes y soldados españoles vivían allí, en unas pocas construcciones sencillas. Muchos de ellos estaban enfermos. Todos pasaban hambre.

Un día de agosto, unos 20 indígenas atacaron la misión. Arrancaron las mantas a los enfermos y se llevaron todo lo que encontraron.

Dos sacerdotes se refugiaron en una choza. Uno de ellos recibió un flechazo en una mano. El otro era Junípero Serra. Serra se aferró a un **crucifijo**. El joven sirviente de los sacerdotes entró de pronto en la choza con una flecha en la garganta. Serra rezó por el muchacho mientras este moría.

Serra había ido a California para llevar el cristianismo a los indígenas. No se rindió. Seis años después, San Diego fue atacada nuevamente. Serra tampoco se rindió esa vez.

Estos indígenas ayudan a construir una misión.

Primeros obstáculos

Los primeros tiempos de la misión de San Diego fueron muy duros. Muchas personas murieron tratando de llevar provisiones a la misión. Un barco se perdió y casi toda la tripulación murió de **escorbuto**.

estatua de Junípero Serra
en la misión de Carmel

Un niño isleño

Junípero Serra nació en una familia pobre. Vivía en el pueblo de Petra, en el centro de Mallorca, una isla del mar Mediterráneo. Su padre y su madre eran granjeros. Trabajaban algunos campos pequeños en las cercanías de Petra. Pero no eran dueños de esos campos. Debían pagar para poder cultivar la tierra.

Mallorca es hermosa. Tiene montañas y muchas playas. Sin embargo, durante la vida de Serra, la mayoría de los habitantes de Mallorca luchaban por sobrevivir. La isla era muy seca. Cuando no llovía lo suficiente, no se podían cultivar alimentos. El hambre era algo habitual. Las enfermedades asolaban la isla.

Nueva España, el imperio español en el Nuevo Mundo, estaba lejos. Mallorca era pequeña comparada con Nueva España, pero muchos misioneros provenían de la isla. Quizás una de las razones era que las personas criadas en la isla estaban acostumbradas al trabajo duro y a hacer frente a las dificultades de la vida.

Una mula en casa

La mula de la familia Serra dormía en la casa. ¡Eso era normal! En Mallorca, las personas dependían de sus animales para sobrevivir.

Mallorca, España

La iglesia de la niñez

Serra fue **bautizado** en la iglesia de San Pedro, en Petra. La iglesia fue construida cuando Serra era niño. Aún sigue en pie.

Cuando Serra era adolescente, el hambre y las enfermedades mataron a casi una cuarta parte de la población de Petra. Muchos de sus tíos, tías y primos murieron. Serra se enfermaba seguido. Era de muy baja estatura, posiblemente porque no tenía suficiente para comer.

Sus padres tuvieron que tomar una decisión difícil. Como Serra era **piadoso** y le iba muy bien en la escuela, podía hacerse sacerdote. Sus padres no tendrían que cuidar de él. La Iglesia le daría todo lo que necesitaba.

Cuando Serra tenía 15 años, sus padres lo llevaron a Palma, la ciudad más grande de Mallorca. Allí inició el camino para convertirse en sacerdote **franciscano**. Serra ingresó en el **monasterio** de San Francisco, en Palma. Primero, pasó un año como **novicio**. Rezaba y **ayunaba**. Luego trabajó como **monaguillo**.

iglesia de San Francisco, en Mallorca, España

Un paso más

Serra era un niño pobre de un pueblo pequeño. El imponente monasterio de Palma le habrá parecido increíble. Partes del monasterio tenían cientos de años de antigüedad cuando Serra estudiaba allí.

Seguidores de San Francisco

San Francisco de Asís fundó la orden de los franciscanos. Fue conocido por su amor a la naturaleza. Decía que las aves, los lobos y otras criaturas eran sus hermanos. San Francisco también deseaba con fervor imitar la vida de Jesús. Incluso intentó sufrir como Jesús.

pintura que representa a San Francisco de Asís

Serra pasó los siguientes años estudiando mucho. Cuando tenía 24 años, se hizo sacerdote. Muy pronto se ganó una buena reputación. Lo eligieron para enseñar a otros franciscanos. Cuando no enseñaba, se dedicaba a dar **sermones** conmovedores. Tras escuchar uno de ellos, otro sacerdote dijo que era "digno de imprimirse en letras de oro".

Las iglesias de la isla invitaban a Serra a dar sermones. Incluso predicó en su pueblo natal, Petra. ¡Sus padres habrán estado muy orgullosos de él!

Pero, a pesar de esos logros, el corazón de Serra estaba lejos de allí. En Mallorca, todos eran cristianos. Serra soñaba con llevar la fe a personas de tierras lejanas.

Serra rezó. Pensó mucho. Finalmente, tomó una decisión. Su futuro estaba en Nueva España. Hoy no se puede encontrar Nueva España en un mapa. En los tiempos de Serra, Nueva España era una gran parte de América del Norte y abarcaba todo lo que hoy es México.

El papa escribió una carta en 1523. En ella, permitía que los sacerdotes convirtieran a los indígenas mexicanos.

Libros favoritos

A Serra le encantaba leer sobre franciscanos famosos. Le gustaba leer especialmente sobre los sacerdotes que viajaban como misioneros. Admiraba mucho a esos hombres.

Un nuevo nombre

Muchos franciscanos elegían nuevos nombres mientras estudiaban. Serra cambió su nombre. Antes, su nombre era Miguel. Lo cambió a Junípero en honor a un compañero de San Francisco.

Este mapa muestra cuáles eran los países que poseían tierras en América del Norte en 1750.

Nueva España

Tras un viaje peligroso, Serra desembarcó en Veracruz el 4 de diciembre de 1749. Otros diecinueve sacerdotes iban con él. Uno de ellos era Francisco Palou, un buen amigo de Serra. Más tarde, Palou escribiría un libro sobre Serra.

Luego, los sacerdotes debieron recorrer 250 millas (402 kilómetros) hasta la Ciudad de México. La mayoría de los sacerdotes iban a caballo. Pero Serra y otro sacerdote fueron a pie.

Los dos sacerdotes avanzaron con dificultad. Según relata Palou en su libro, un desconocido se les apareció tarde una noche para ofrecerles refugio. Al día siguiente, otro hombre apareció en el camino inesperadamente y les ofreció frutas. Al otro día, el mismo hombre apareció en el camino. Les dio pan. Para Serra, ese hombre era una clara señal de que Dios lo estaba protegiendo.

Durante la caminata, la pierna de Serra se infectó por las picaduras de insectos. Por el resto de su vida, esa pierna le dolería con frecuencia.

¡Comida de mosquitos!

Antonio Margil fue un misionero que estuvo en Nueva España antes que Serra. Era uno de los héroes de Serra. Margil se hizo conocido por dejar que los insectos lo picaran. ¡No quería privarlos de comida!

La Ciudad de México fue una de las primeras paradas de Serra al llegar a Nueva España.

Santas visiones

Una de las personas que inspiró a Serra fue María de Jesús de Ágreda. Era una monja que escribió que los ángeles la habían ayudado a viajar a Nuevo México y Texas para predicar entre los indígenas norteamericanos. Afirmaba que había viajado hasta allí mientras su cuerpo permanecía en España. Sus historias eran muy vívidas. Ella inspiró a muchos sacerdotes a viajar a Nueva España.

Sierra Gorda

Después de unos meses de descanso y oración en la Ciudad de México, Serra y Palou fueron enviados a la Sierra Gorda. Era un área montañosa ubicada al norte de la Ciudad de México.

Los españoles habían dominado el hemisferio occidental durante más de doscientos años. Eso incluía la Sierra Gorda. Las cinco misiones que había allí estaban en malas condiciones. Algunos edificios se estaban derrumbando. Otros eran demasiado pequeños. Pocas personas iban a misa.

Serra se quedó en la Sierra Gorda durante ocho años. Con su dirección, los franciscanos dieron nueva vida a las misiones. Construyeron nuevas iglesias. Serra ayudó a diseñar los nuevos edificios y supervisó su construcción. El sacerdote no evitaba los trabajos pesados. Cargaba piedras. Y levantaba vigas pesadas.

En la Sierra Gorda, Serra enfrentó a una familia rica que quería quitarles tierras a los indígenas. También enfrentó a los soldados que, según él, maltrataban a los indígenas sin ninguna razón.

mapa de 1747 que muestra las misiones españolas en México

misión de la Sierra Gorda

La misión como casa

Las misiones eran mucho más que iglesias. Tenían campos de cultivo y animales. Los soldados protegían el lugar. En cierto modo, eran como pequeñas aldeas.

Economía

Se usaban bueyes y arados para cultivar la tierra de las misiones.

¡Mucho trabajo!

Tocar las campanas era muy complejo. Cada conjunto de patrones y tonos significaba algo distinto. A los encargados de tocar las campanas se los preparaba especialmente para la tarea.

la misión de Loreto, en Baja California

"Al son de las campanas"

Actualmente, la mayoría de las personas piensan en la religión como algo personal. Se trata de lo que cada uno tiene en el corazón. Serra no lo veía así. Según él, un católico **devoto** debía seguir una rutina regular de oración. Debía asistir a misa todos los domingos y los días festivos, que son días en los que se celebra a los santos.

Para acercar a los pueblos indígenas de Nueva España a Dios, Serra los hizo vivir "al son de las campanas" de la misión. Las campanas indicaban cuándo se debía rezar. Indicaban cuándo despertarse, cuándo comer y cuándo irse a dormir.

Serra convenció a los indígenas de vivir en la misión dándoles regalos y comida. Una vez que aceptaban, tenían poca libertad. Eran obligados a cultivar la tierra. Si se escapaban, los soldados los iban a buscar. Cuando no obedecían las reglas, los soldados los castigaban, e incluso los azotaban. Serra **consentía** todas esas acciones. Por esa razón, se lo considera una persona **controvertida**.

Predicar con pasión

Imagina a Serra dando un sermón en una iglesia iluminada con velas. Se abre la sotana y deja ver su torso desnudo. Sostiene una larga vela encendida en una mano. Entonces, apaga la llama de la vela en su pecho para mostrar el dolor del pecado.

Después de ocho años en la Sierra Gorda, Serra dedicó diez años a la enseñanza en la Ciudad de México y lideró el **renacimiento religioso** en todo el país. En Mallorca, Serra era conocido por predicar con la lógica y el conocimiento. En Nueva España, sumó una cuota de dramatismo.

Serra a veces tomaba una roca y se golpeaba el pecho con ella. Otras veces, se azotaba la espalda con una cadena.

Serra tenía una actitud especial con respecto al dolor. Pensaba que lo acercaba más a Jesús. También era una forma de **penitencia** para pagar por los pecados. La actitud de Serra era común en su época.

Los mejores amigos

Palou conoció a Serra en Mallorca, donde fue uno de sus estudiantes. ¡Palou formó parte de la vida de Serra durante más de 40 años! En Nueva España, a menudo trabajaban juntos.

Picazón intencional

Serra a veces se ponía una especie de camiseta áspera llamada *cilicio*. Estaba hecha de pelo de cabra, que le daba picazón. La usaba como una forma de penitencia.

Palou escribió un libro sobre Serra (a la izquierda). Incluía dibujos como este, que muestra a Serra predicando ante un grupo de indígenas mexicanos.

¡Al fin en California!

Cuando Serra llegó a los 50 años de edad, ya llevaba casi 20 años viviendo en Nueva España. En todo ese tiempo, había hecho mucho por la Iglesia. Había restaurado las misiones de la Sierra Gorda. Después, se había unido al Colegio de San Fernando. Había cumplido distintas tareas en el colegio, entre ellas, la dirección del coro. Pero Serra quería hacer más. Quería concentrarse en bautizar a los indígenas "**paganos**".

Exploradores españoles descubren la bahía de San Francisco.

Muy pronto, lo eligieron para dirigir las misiones en Baja California. Pero muchos de los indígenas de esas misiones ya estaban bautizados. Eso no lo acercaba a su ansiada meta de convertir a más personas a la fe. En 1768, España quería expandir sus territorios. Los gobernantes decidieron usar la religión para lograrlo. Optaron por construir misiones en Alta California. Esa era la oportunidad que Serra estaba buscando para lograr su meta. Serra se ofreció para dirigir la misión. Escribió que "alabó a Dios" y "besó el suelo".

Intenciones ocultas

España dominó México por completo durante muchos años. Pero no ejercía el mismo dominio sobre California. Por entonces, los rusos comenzaron a explorar el área. España creó las misiones como un modo de impedir que Rusia reclamara esos territorios.

Geografía

¡Un trabajo peligroso!

En 1758, Serra pensó que lo enviarían a San Sabá, Texas, junto con su amigo Palou. Allí reemplazarían a dos sacerdotes que habían sido asesinados por indígenas comanches. Los funcionarios españoles cambiaron de opinión y decidieron abandonar esa misión.

En su primer año en California, Serra fundó la misión de San Diego. Al año siguiente, fundó una misión en Monterrey. Un año después, fundó dos misiones más. En 1782 ya había nueve misiones. Formaban un camino que llevaba directo a San Francisco.

Serra escribió que estaba "donde ningún pie cristiano había pisado antes". Bautizó a miles de indígenas norteamericanos. Con cada bautismo, daba la bienvenida a una persona a la fe cristiana. Eso le daba una gran alegría.

Dos sacerdotes celebran un bautismo.

En 1778, **confirmó** a tres indígenas que habían matado a un sacerdote en la misión de San Diego en 1775. Para Serra, el asesinato había sido una acción de personas "pobres e ignorantes". Los perdonó. Quería salvar sus almas. No se preocupó por castigarlos.

En movimiento

Serra solía caminar de una misión a otra. Algunos historiadores piensan que caminó más de 5,000 millas (más de 8,000 kilómetros). ¡Esa es una gran distancia! Equivale a atravesar todo Estados Unidos a pie dos veces.

Geografía

Serra escribía cartas a la Iglesia para contar sobre su trabajo.

Al igual que en la Sierra Gorda, Serra quiso que los indígenas vivieran "al son de las campanas". No le bastaba con hablarles de Dios. Quería que vivieran cerca de los sacerdotes y tuvieran una vida ordenada. Serra era un maestro estricto. Para hacer cumplir las reglas de la misión, pensaba que los sacerdotes podían castigar a los nativos.

Serra dedicó su vida a la fe y las misiones. Era fuerte y decidido. Pero ofrecía más que fe. En las misiones, Serra se aseguraba de que los nativos recibieran educación. También se les enseñaba a cultivar.

Sin embargo, Serra y las misiones también tuvieron efectos negativos. Serra cambió y destruyó culturas enteras. Los indígenas perdieron su lengua y sus costumbres. La presencia de Serra también abrió paso a enfermedades que mataron a muchos indígenas. Es por eso que el padre Serra es una figura controvertida.

la habitación de Serra en la misión de Carmel

Un santo histórico

En 2015, el papa Francisco fue a Estados Unidos para **canonizar** a Serra. La Iglesia quería homenajear a Serra por difundir la religión y convertir a personas que vivían tan lejos de su hogar. Pero el acto del papa despertó polémicas.

Posturas opuestas

En Washington D. C., el papa Francisco homenajeó a Serra. En California, muchos indígenas se indignaron al saber que Serra sería nombrado santo. Se organizaron protestas en algunas de las misiones del estado.

Civismo

El último adiós

En 1784, Serra tenía 70 años. Había pasado 15 años en California. Sus últimos años habían sido difíciles. Muchos de los sacerdotes que habían llegado al estado con él estaban enfermos o habían muerto. Las reglas estrictas con las que había controlado las misiones se cobraron un precio muy alto. Las misiones fueron arrasadas por enfermedades y revueltas. Su fe y determinación lo llevaron tan lejos como pudo llegar. Tenía planes para construir nuevas misiones, pero no estaría allí para ver la última misión terminada.

Ese verano, Serra estuvo muy enfermo. Su amigo, Francisco Palou, viajó para estar a su lado. Después de muchos días de oración, Serra murió sin sufrir. Murió con un crucifijo en las manos. Sonaron las campanas de la misión. Una semana después, su cuerpo fue enterrado.

El padre Fermín Lasuén tomó el lugar de Serra tras su muerte. Supervisó la construcción de nueve misiones más. Las misiones siguieron funcionando por muchos años más.

Serra está enterrado bajo el suelo de la iglesia de la misión de Carmel.

Un mensaje atrasado

Alta California era un lugar muy remoto. La noticia de la muerte de Serra tardó tres meses en llegar a la Ciudad de México. Una carta con la noticia tardó otros cuatro meses en llegar a Mallorca.

Geografía

Tras la muerte de Serra, se construyeron más misiones en California. Se construyeron un total de 21 misiones. ¡La mayoría aún siguen funcionando como iglesias!

En 1924, se construyó un monumento en honor a Serra en la misión de Carmel. Está hecho de bronce y mármol.

¡Haz un plan!

Elige una de las misiones fundadas por Serra. Estás a cargo de planificar una excursión a esa misión con tu clase. Para asegurarte de que tus compañeros exploren toda la misión, crea una búsqueda del tesoro. Investiga la misión y busca al menos 10 puntos de referencia, objetos o partes importantes. Usa palabras, símbolos, mapas o imágenes para ayudar a tus compañeros en la búsqueda. Una lista de control puede ser útil para registrar lo que encontraron. ¡Compara tu lista de la búsqueda del tesoro con la de un compañero!

Glosario

ayunaba: no comía

bautizado: rociado con agua como parte de una ceremonia religiosa

canonizar: en la Iglesia católica romana, declarar oficialmente santo a alguien

confirmó: administró un sacramento de la Iglesia católica para celebrar y fortalecer la fe de una persona

consentía: permitía algo que sabía que no estaba bien

controvertida: que es objeto de discusión

crucifijo: la representación de Jesús en la cruz

devoto: sumamente religioso

escorbuto: una enfermedad causada por la falta de vitamina C

franciscano: un miembro de la orden religiosa fundada por San Francisco

monaguillo: un niño que ayuda durante la misa y en otros servicios de la Iglesia

monasterio: un lugar en el que viven y estudian los monjes o sacerdotes

novicio: alguien que es nuevo en algo; alguien que está en el primer año de formación para convertirse en sacerdote

paganos: personas que no pertenecen a la religión tradicional

penitencia: algo que hace una persona para demostrar que está arrepentida

piadoso: muy religioso

renacimiento religioso: un momento en el que las personas vuelven a concentrarse en sus creencias religiosas

sermones: enseñanzas que dan los sacerdotes en la misa

Índice

misión de San Juan Capistrano

¡Tu turno!

Una nueva estatua

Hay estatuas de Junípero Serra en muchos lugares. Incluso hay una en el edificio del Capitolio de Estados Unidos, en Washington D. C.

Imagina que en tu comunidad van a poner una estatua de Serra. Tu trabajo es escribir un discurso sobre él. También te pidieron que escribieras el texto para la placa de la estatua.

Hay razones para homenajear a Serra. También hay razones para desacreditarlo. Hizo cosas a lo largo de su vida que justifican ambos puntos de vista. Cuando crees el texto de la placa, ten en cuenta ambas opiniones. La placa no puede tener más de cinco oraciones. ¿Cómo comunicarás tu punto de vista con claridad? ¿Elegirás homenajearlo, desacreditarlo, o buscarás la manera de hacer ambas cosas?

Tu discurso debe tener un párrafo. En el discurso, describe lo que piensas sobre la influencia que tuvo Serra en California. Apoya tus ideas con ejemplos de lo que hizo Serra durante su vida. Sé imparcial y sincero.